大方廣佛華嚴經 寫經

25

🪷 일러두기

1. 『사경본 한글역 대방광불화엄경』은 『독송본 한문·한글역 대방광불화엄경』에 수록된 한글역을 사경하는 데 편의를 도모하기 위해 편집을 달리하여 간행한 것이다.

2. 『독송본 한문·한글역 대방광불화엄경』은 실차난타가 한역(695~699)한 80권 『대방광불화엄경』의 한문 원문과 한글역을 함께 수록한 것이다. 한문 저본은 고종 2년(1865) 월정사에서 인경한 고려대장경 『대방광불화엄경』이다.

3. 한글 번역은 동국역경원에서 발간한 한글 『대방광불화엄경』(운허)을 중심으로 하고 『신화엄경합론』(탄허)과 『대방광불화엄경 강설』(여천무비) 그리고 최근의 여타 번역본 등을 참조하였다.

4. 한글 번역은 독송과 사경을 위하여 정확성과 아울러 가독성을 고려하였다. 극존칭은 부처님과 불경계에 대해서만 사용하였다.

5. 사경본의 차례는 일러두기 → 한글역 본문 → 화엄경 목차 → 간행사이며 80권 『대방광불화엄경』의 권별 목차 순으로 독송본과 함께 간행한다. (법공양판에는 간행사 다음에 간행불사 동참자를 밝혀두었다.)

사경본 한글역

대방광불화엄경 제25권

25. 십회향품 [3]

수미해주

大方廣佛華嚴經第三十五卷變相 周

대방광불화엄경 제25권 변상도

대방광불화엄경
제 25권

25. 십회향품 [3]

_____ 은(는) 『대방광불화엄경』을
사경하는 인연공덕으로
『화엄경』이 널리 유통되고
우리 모두 다함께 보리 이루기를 발원하옵니다.

대방광불화엄경

제25권

25. 십회향품 [3]

"불자들이여, 무엇을 보살마하살의 다함없는 공덕장회향이라 하는가?

불자들이여, 이 보살마하살이 일

체 모든 업의 무거운 장애를 참회하
여 없앰으로써 일으킨 선근과, 삼세
의 일체 모든 부처님께 예경하여 일
으킨 선근과, 일체 모든 부처님께 설
법하시기를 권청하여 일으킨 선근
과, 부처님의 설법을 듣고 부지런히
닦아 익혀 부사의한 넓고 큰 경계를
깨달아 일으킨 선근이다.

　과거와 미래와 현재의 일체 모든
부처님과 일체 중생에게 있는 선근
을 다 따라 기뻐함을 내어 일으킨 선
근과, 과거와 미래와 현재의 일체 모

든 부처님의 선근이 다함없음을 모든 보살 대중들이 부지런히 닦아 익혀 얻은 선근이다.

삼세 모든 부처님께서 등정각을 이루시고 바른 법륜을 굴리어 중생들을 조복하시는 것을 보살이 모두 알아서 따라 기뻐하는 마음을 내어 생긴 선근이다.

삼세 모든 부처님께서 처음 발심하여 보살행을 닦아 최정각을 이루시며, 내지 반열반에 드심을 나타내 보이시고, 열반에 들고서는 바른 법이

세상에 머무르며 내지 멸하여 다하
는, 이와 같은 것 등에 다 따라 기뻐
함을 내어 있는 바 선근이다.

보살이 이와 같이 말할 수 없는 모
든 부처님의 경계와 자기의 경계와
내지 보리의 장애 없는 경계를 생각
한다.

이와 같이 광대하고 한량없이 차
별한 일체 선근으로 쌓아 모은 것과,
믿고 이해한 것과, 따라 기뻐한 것과,

원만한 것과, 성취한 것과, 수행한 것과, 얻은 것과, 알고 느낀 것과, 거두어 지닌 것과, 증장한 것을 모두 회향하여 일체 모든 부처님의 국토를 장엄한다.

과거세 끝없는 겁의 일체 세계가 일체 여래께서 행하시던 곳과 같다.

이른바 한량없고 수없는 부처님 세계종이 부처님의 지혜로 아시는 바이며, 보살의 아는 바이며, 큰 마음으로 받아들인 바인 장엄한 부처님 세계이다.

청정한 업과 행으로 흘러나온 것이고 이끌어 온 것이며, 중생에 응하여 일어난 것이며, 여래의 신력으로 나타내 보인 것이며, 모든 부처님의 세간에 출현하신 청정한 업으로 이룬 것이며, 보현 보살의 미묘한 행으로 일으킨 것이다.

일체 모든 부처님께서 이 가운데서 성도하시고 갖가지 자재한 위신력을 나타내 보이셨다.

미래제가 다하도록 계시는 여래 응공 정등각께서 법계에 두루 머무르시며 앞으로 불도를 이루시고 마땅히 일체 청정하게 장엄한 공덕의 불토를 얻으시되, 온 법계 허공계에 가없고 경계가 없으며 끊어짐이 없고 다함도 없으니, 다 여래의 지혜에서 생기는 것이며 한량없는 미묘한 보배로 장엄하는 것이다.

이른바 일체 향 장엄과 일체 꽃 장엄과 일체 옷 장엄과 일체 공덕장 장엄과 일체 모든 부처님의 힘 장엄과 일체 부처님의 국토 장엄이다.

여래께서 도읍하신 곳이며, 불가사의한 함께 행하던 숙세 인연의 모든 청정 대중이 그 가운데 머무르며 미래세 가운데 정각을 이루실 일체 모든 부처님의 성취하시는 바이다. 세간의 볼 바가 아니고 보살의 깨끗한 눈이라야 이에 비추어 볼 수 있다.

이 모든 보살들이 큰 위덕을 갖추고 숙세에 선근을 심었으니 일체 법이 환과 같고 변화와 같음을 알며, 보살의 모든 청정한 업을 널리 행하며, 부사의하게 자재한 삼매에 들어가 선교 방편으로 능히 불사를 지으며, 부처님의 광명을 놓아 세간을 널리 비추되 한정된 끝이 없다.

현재의 일체 모든 부처님 세존께서도 다 또한 이와 같이 세계를 장엄하시니, 한량없는 형상과 한량없는 광명의 빛이 모두 공덕으로 성취한 것이다. 한량없는 향과 한량없는 보배와 한량없는 나무와 수없는 장엄과 수없는 궁전과 수없는 음성이다. 숙세 인연의 모든 선지식을 수순하여 일체 공덕의 장엄을 나타내 보인 것이 끝까지 다함이 없다.

이른바 일체 향 장엄과, 일체 화만 장엄과, 일체 가루향 장엄과, 일체 보배 장엄과, 일체 깃발 장엄과, 일체 보배 채색비단 장엄과, 일체 보배 난간 장엄과, 아승지 금그물 장엄과, 아승지 강 장엄과, 아승지 구름과 비 장엄과, 아승지 음악으로 미묘한 소리를 연주하는 것이다.

이와 같은 등의 한량없고 수없는 장엄구로 일체 온 법계 허공계에 시방의 한량없는 갖가지 업으로 일어난, 부처님의 아시는 바와 부처님의 말씀하시는 바인 일체 세계를 장엄한다.

그 가운데 있는 일체 부처님 국토는 이른바 장엄한 부처님 국토와 청정한 부처님 국토와 평등한 부처님 국토와 미묘하고 좋은 부처님 국토와 위덕이 있는 부처님 국토와 광대한 부처님 국토와 안락한 부처님 국토와 깨뜨릴 수 없는 부처님 국토와 다함없는 부처님 국토와 한량없는 부처님 국토이다.

흔들리지 않는 부처님 국토와 두려움 없는 부처님 국토와 광명한 부처님 국토와 어기지 않는 부처님 국토와 사랑스러운 부처님 국토와 널리 밝게 비치는 부처님 국토와 아름답게 장엄한 부처님 국토와 화려한 부처님 국토와 교묘한 부처님 국토이다.

제일의 부처님 국토와 수승한 부처

님 국토와 매우 수승한 부처님 국토
와 가장 수승한 부처님 국토와 지극
히 수승한 부처님 국토와 높은 부처
님 국토와 위없는 부처님 국토와 같
음이 없는 부처님 국토와 견줄 데 없
는 부처님 국토와 비유할 수 없는 부
처님 국토이다.

이와 같은 과거와 미래와 현재의
일체 부처님 국토에 있는 장엄을 보
살마하살이 자기의 선근으로 발심

하여 회향한다.

'원하오니 이와 같은 과거와 미래와 현재의 일체 모든 부처님의 있는 바 국토의 청정한 장엄으로써 모두 한 세계를 장엄하되, 저 일체 모든 부처님 국토에 있는 바 장엄과 같이 모두 다 성취하고, 모두 다 청정하고, 모두 다 모으고, 모두 다 나타내고, 모두 다 아름답게 장엄하고, 모두 다 머물러 지녀지이다.

한 세계와 같이 이와 같이 온 법계 허공계의 일체 세계도 다 또한 이와 같이 하여, 삼세의 일체 모든 부처님 국토의 갖가지 장엄을 모두 다 구족하여지이다.'라고 한다.

불자들이여, 보살마하살이 다시 선근으로 이와 같이 회향한다. '원하오니 내가 닦은 바 일체 부처님 국토에 모든 큰 보살들이 모두 다 충만하여지이다.

그 모든 보살들은 체성이 진실하고 지혜가 통달하며, 일체 세계와 중생계를 잘 능히 분별하고, 법계와 허공계에 깊이 들어가며, 어리석음을 버리어 여읜다.

부처님 생각함을 성취하며, 법이 진실하여 불가사의함을 생각하며, 스님이 한량없어 널리 다 두루함을 생각한다.

또한 버리는 것을 생각하며, 법의 태양이 원만하고, 지혜의 광명이 널리 비치어 보는 데 걸리는 바가 없으며, 생겨날 것이 없는 데로부터 모든 부처님의 법을 내어 온갖 수승하고 높은 선근의 주인이 되며, 위없는 보리심을 낸다.

여래의 힘에 머무르며, 살바야에 나아가며, 모든 마군의 업을 깨뜨리고, 중생의 세계를 청정케 하며, 법의 성품에 깊이 들어가 전도를 영원히 여의고, 선근과 큰 원이 모두 다 헛되지 아니한다.

이와 같은 보살들이 그 국토에 충만하여 이와 같은 곳에 태어나서 이와 같은 덕이 있어지이다.

항상 불사를 지어 부처님의 보리를

얻으며, 청정한 광명으로 법계의 지혜를 갖추며, 신통력을 나타내어 한 몸이 일체 법계에 충만하며, 큰 지혜를 얻어 일체 지혜로 행하는 경계에 들어가서 한량없고 가없는 법계의 문구와 뜻을 잘 능히 분별한다.

일체 세계에 다 집착하는 바가 없되 일체 부처님 국토에 능히 널리 나타나며, 마음은 허공과 같아서 의지할 바가 없되 일체 법계를 능히 분별한다.

불가사의한 매우 깊은 삼매에 잘

능히 출입하며, 살바야에 나아가 모든 부처님의 국토에 머무르며, 모든 부처님의 힘을 얻어 아승지 법문을 열어 보여 연설하되 두려울 바가 없다.

삼세 모든 부처님의 선근을 따르며, 일체 여래의 법계를 널리 비추어 일체 부처님의 법을 다 능히 받아 지니며, 아승지 모든 언어의 법을 알아 불가사의하게 차별한 음성을 잘 능히 연출한다.

위없는 부처님의 자재한 지위에 들

어가 시방의 일체 세계에 널리 다니
되 장애가 없으며, 다툼이 없고 의지
한 데 없는 법을 행하되 분별할 것이
없다.

보리심을 닦아 익히고 증장하여 선
교 지혜를 얻고, 문구와 뜻을 잘 알
아서 능히 차례를 따라 열어 보이어
연설하여지이다.

원하오니 이와 같은 모든 큰 보살
들로 하여금 그 국토를 장엄하고 가
득히 분포하여 수순하고 편안히 머
무르며, 훈습하여 닦고 지극히 훈습

하여 닦으며, 순수하여 깨끗하며, 지극히 순수하고 깨끗하여 편안하고 고요하게 하여지이다.

한 부처님 세계의 한 방소를 따라 모두 이와 같이 수없고, 한량없고, 가없고, 같음이 없고, 셀 수 없고, 일컬을 수 없고, 생각할 수 없고, 헤아릴 수 없고, 말할 수 없고, 말할 수 없이 말할 수 없는 모든 큰 보살들이 두루 충만하며, 한 방소와 같이 일체 방소에도 또한 다시 이와 같으며, 한 부처님 세계와 같이 온 허공과 법계에 두루한 일체 부처님 세계에도 다 또한 이와 같아지이다.'라고 한다.

　　불자들이여, 보살마하살이 모든 선근으로써 일체 부처님의 세계에 방편으로 회향하며, 일체 보살에게 방편으로 회향하며, 일체 여래께 방편으로 회향하며, 일체 부처님의 보리에 방편으로 회향하며, 일체 넓고 큰 서원에 방편으로 회향하며, 일체 뛰어나는 요긴한 길에 방편으로 회향한다.

　방편으로 회향하여 일체 중생계를 깨끗이 하며, 방편으로 회향하여 일체 세계에서 모든 부처님이 세상에 출현하심을 항상 보며, 방편으로 회향하여 여래의 수명이 한량없음을 항상 보며, 방편으로 회향하여 모든 부처님이 법계에 두루하여 걸림 없고 물러나지 않는 법륜을 굴리심을 항상 본다.

불자들이여, 보살마하살이 모든 선근으로써 이와 같이 회향할 때에 널리 일체 부처님의 국토에 들어가는 까닭으로 일체 부처님의 세계가 모두 다 청정하며, 널리 일체 중생계에 이르는 까닭으로 일체 보살이 모두 다 청정하며, 널리 일체 모든 부처님의 국토에 부처님께서 출현하시기를 원하는 까닭으로 일체 법계의 일체 부처님 국토에 모든 여래의 몸이 초연히 출현하신다.

불자들이여, 보살마하살이 이와 같은 견줄 데 없는 회향으로 살바야에 나아가면 그 마음이 광대하기가 마치 허공과 같아서 한량이 없어 부사의한 데 들어가며, 일체 업과 과보가 모두 다 적멸한 줄을 알며, 마음이 항상 평등하고 끝이 없어서 널리 능히 일체 법계에 두루 들어간다.

불자들이여, 보살마하살이 이와 같이 회향할 때에 '나'와 '나의 것'

을 분별하지 아니하며, 부처님과 부처님 법을 분별하지 아니하며, 세계와 청정한 장엄을 분별하지 아니하며, 중생과 조복함을 분별하지 아니하며, 업과 업의 과보를 분별하지 아니한다.

생각과 생각으로 일으키는 것에 집착하지 아니하며, 인을 깨뜨리지 아니하고 과도 깨뜨리지 아니하며, 일을 취하지 아니하고 법도 취하지 아니한다.

생사가 분별이 있다고 말하지 않

고, 열반이 항상 적정하다고 말하지 않으며, 여래가 부처님 경계를 증득하였다고 말하지 않으니, 적은 법도 법과 더불어 함께 머무르지 않는다.

불자들이여, 보살마하살이 이와 같이 회향할 때에 모든 선근을 널리 중생들에게 보시하되, 결정코 성숙시키고 평등하게 교화하며, 모양이 없고 연이 없으며, 헤아릴 수 없고 허망하지 아니하여 일체 분별과 집착을 멀리 여의었다.

보살마하살이 이와 같이 회향하고는 다함없는 선근을 얻는다.

이른바 삼세의 일체 모든 부처님을 생각하므로 다함없는 선근을 얻으며, 일체 보살을 생각하므로 다함없는 선근을 얻으며, 모든 부처님 세계를 깨끗이 하므로 다함없는 선근을 얻으며, 일체 중생계를 깨끗이 하므로 다함없는 선근을 얻는다.

법계에 깊이 들어가므로 다함없는 선근을 얻으며, 한량없는 마음을 닦아 허공계와 평등하므로 다함없는 선근을 얻는다.

일체 부처님의 경계를 깊이 이해하므로 다함없는 선근을 얻으며, 보살의 업을 부지런히 닦으므로 다함없는 선근을 얻으며, 삼세를 분명히 통달하므로 다함없는 선근을 얻는다.

불자들이여, 보살마하살이 일체 선근으로 이와 같이 회향할 때에 일체 중생계가 중생이 없음을 알며, 일체 법이 수명이 없음을 알며, 일체 법이 지은 자가 없음을 알며, 일체 법이 보가라가 없음을 깨닫는다.

일체 법이 성내어 다툼이 없음을 알며, 일체 법이 모두 연을 좇아 일어나서 주처가 없음을 관하며, 일체 사물이 모두 의지한 데가 없음을 알며, 일체 세계가 모두 머무르는 데가 없음을 알며, 일체 보살의 행도 또한 처소가 없음을 관하며, 일체 경계가 모두 있는 것이 아님을 본다.

불자들이여, 보살마하살이 이와
같이 회향할 때에 눈으로 마침내 청
정하지 않은 부처님 세계를 보지 아
니하며, 또한 다시 다른 형상인 중생
도 보지 아니한다.

조그만 법도 지혜로 들어갈 것이
없고, 또한 조그만 지혜도 법에 들어
갈 것이 없으며, 여래의 몸이 허공과
같지 않음을 안다.

일체 공덕과 한량없는 미묘한 법이
원만한 까닭이며, 일체 처에서 모든
중생들로 하여금 선근을 모아서 모

두 충족케 하는 까닭이다.

불자들이여, 이 보살마하살이 생
각생각 가운데 말할 수 없이 말할 수
없는 십력의 지위를 얻어서 일체 복
덕을 구족하고 청정한 선근을 성취
하여 일체 중생의 복밭이 된다.

이 보살마하살이 뜻대로 되는 마
니 공덕장을 성취하니, 필요한 것이
있음을 따라 일체 즐길 거리를 모두
다 얻는 까닭이며, 다니는 방소마다
다 능히 일체 국토를 깨끗이 장엄하

며, 가는 곳마다 말할 수 없이 말할 수 없는 중생들로 하여금 모두 다 청정케 하니 복덕을 거두어 모든 행을 닦아 다스리는 까닭이다.

불자들이여, 보살마하살이 이와 같이 회향할 때에 일체 보살의 행을 닦아서 복덕이 수승하고 색상이 견줄 데 없으며, 위력과 광명이 모든 세간에서 뛰어나 마군과 마군의 졸개들이 대하여 쳐다볼 수 없으며, 선근을 구족하고 대원을 성취하였다.

그 마음이 두루 넓어 일체 지혜와 평등하며, 한 생각 동안에 모두 능히 한량없는 부처님 세계에 두루 가득하며, 지혜의 힘이 한량없어 일체 모든 부처님의 경계를 밝게 통달하며, 일체 부처님께 깊은 믿음과 이해를 얻고 가없는 지혜에 머무르며, 보리심의 힘은 광대함이 법계와 같고 끝까지 이르름이 허공과 같다.

불자들이여, 이 이름이 보살마하살의 다섯째 다함없는 공덕장회향이다.

보살마하살이 이 회향에 머무르면 열 가지 무진장을 얻는다.

무엇이 열인가?

이른바 부처님을 친견하는 무진장을 얻으니 한 모공에서 아승지 모든 부처님께서 세상에 출현하심을 보는 까닭이며, 법에 들어가는 무진장을 얻으니 부처님 지혜의 힘으로 일체 법이 모두 한 법에 들어감을 관하는 까닭이다.

기억하여 지니는 무진장을 얻으니 일체 부처님께서 설하신 법을 받아 지니고 잊어버리지 아니하는 까닭이며, 결정한 지혜의 무진장을 얻으니 일체 부처님께서 설하신 법과 비밀한 방편을 잘 아는 까닭이며, 뜻과 취지를 아는 무진장을 얻으니 모든 법의 이치와 취지의 분제를 잘 아는 까닭이다.

가없이 깨달아 아는 무진장을 얻으니 허공과 같은 지혜로 삼세의 일체 법을 통달하는 까닭이며, 복덕의 무진장을 얻으니 일체 모든 중생들의 뜻을 충만하되 다함이 없는 까닭이며, 용맹한 지혜로 깨닫는 무진장을 얻으니 일체 중생의 어리석음의 가림을 다 능히 없애 버리는 까닭이다.

결정한 변재의 무진장을 얻으니 일체 부처님의 평등한 법문을 연설하여 모든 중생들이 다 깨닫게 하는 까닭이며, 십력과 두려움 없는 무진장을 얻으니 일체 보살의 행한 바를 구족하여 때가 없는 비단으로 그 이마에 매고 장애가 없는 일체지에 이르는 까닭이다.

이것이 열이니, 불자들이여, 보살

마하살이 일체 선근으로 회향할 때
에 이 열 가지 무진장을 얻는다."

이때에 금강당 보살이 부처님의 위
신력을 받들어 시방을 널리 살펴보
고 게송을 설하여 말씀하였다.

보살이 깊은 마음의 힘을
성취하여
널리 모든 법에
자재함을 얻어서

그 청정하고
따라 기뻐한 복덕으로
걸림 없는 방편으로
잘 회향하도다.

삼세에 계시는
모든 여래께서
부처님 세계를 깨끗이 장엄하고
세간에 두루하시어
있는 바 공덕을
갖추지 않음이 없으시니
청정한 세계에 회향하심도

또한 이와 같도다.

삼세에 있는 바
모든 부처님의 법을
보살들이 모두
다 자세히 사유하고
마음으로 남김없이
거두어 들여서
이와 같이 모든 부처님 세계를
장엄하도다.

삼세에 있는 겁이

다하도록

한 부처님 세계의

모든 공덕을 찬탄하여서

삼세의 모든 겁은

오히려 다하더라도

부처님 세계의 공덕은

끝까지 다함이 없도다.

이와 같은 일체 모든

부처님 세계를

보살이 남김없이

다 보아서

모두 한 불국토를

장엄하고

일체 불국토도

다 이와 같도다.

어떤 여러 불자들은

마음이 청정하여

모두 여래의 법에서

변화하여 생김이라

일체의 공덕으로

장엄한 마음이

일체 부처님 세계에

다 충만하도다.

저 모든
보살들이 다
한량없는 상호를 구족하여
몸을 장엄하였고
변재로 연설함이
세간에 두루하니
마치 큰 바다가
끝까지 다함이 없는 것과 같도다.

보살이 모든 삼매에

편안히 머물러

일체 행할 바를

다 구족하고

그 마음이 청정하여

더불어 같을 이 없어

광명으로 시방세계를

널리 비추도다.

이와 같이 남음이 없는

모든 부처님 세계에

이 모든 보살들이

다 충만하여

일찍이 성문승을

생각하지 않고

또한 다시 연각의 도를

구하지 않도다.

보살들이 이와 같이

마음이 청정하여

선근으로 모든 군생들에게

회향하면서

널리 그들이

바른 도를 이루어

모든 부처님 법을

구족하게 알게 하도다.

시방에 있는
온갖 마군과 원수를
보살의 위력으로
다 꺾어 부수니
용맹한 지혜를
이길 이 없어
결정코 구경법을
닦아 행하도다.

보살이

이 큰 원력으로

있는 바에 회향하여

걸림이 없어

다함없는

공덕장에 들어가니

과거와 미래와 현재에

항상 다함없도다.

보살이 모든 행하는 법을

잘 관찰하여

그 성품이

자재하지 못함을 요달하니

모든 법의 성품이
이와 같음을 이미 알고
허망하게 업과 과보를
취하지 않도다.

색이 있는 법도
색이 없는 법도 없으며
또한 생각 있음도 없고
생각 없음도 없으며
있는 법도 없는 법도
모두 다 없으니
일체가 얻을 바 없음을

분명히 알도다.

일체 모든 법은
인연으로 생긴 것이라
체성이 있지 않고
또한 없지도 않으니
인연과
일어난 것에
마침내 그 가운데
집착이 없도다.

일체 중생의

말하는 곳이
그 가운데
마침내 얻을 바 없어
이름과 모양이
다 분별임을 분명히 알고
모든 법이
다 무아임을 밝게 알도다.

중생들의 성품이
본래 적멸하듯이
이와 같이
일체 법을 분명히 아니

삼세에 거둔 바가

남음이 없어

세계와 모든 업이

다 평등하도다.

이와 같은 지혜로써

회향하여

그 깨달아 이해함을 따라

복업이 생기나

이 모든 복의 모양도

또한 이해함과 같으니

어찌 다시 그 가운데

얼을 것이 있으리오.

이와 같이 회향하는 마음에
때가 없어서
영원히 모든 법성을
헤아리지 않으니
그 성품이
모두 성품 아님을 요달하여
세간에 머무르지도 않고
벗어나지도 않도다.

일체 행한 바

온갖 선한 업을
다 모든 군생들에게
회향하여서
그 참 성품을
요달하지 못함이 없고
있는 바 분별도
모두 없애 버리도다.

있는 바
일체 허망한 소견을
모두 다 버려서
남김이 없으며

모든 번뇌의 열기를 여의어

항상 청량하여

해탈의 걸림 없는

지위에 머무르도다.

보살은 일체 법을

파괴하지 않으며

또한 모든 법의 성품을

멸하여 없애지도 아니하고

모든 법이 마치

메아리와 같음을 알아서

모두 일체에

집착하는 바가 없도다.

삼세의

모든 중생들이

모두 인과 연의 화합으로

일어남을 분명히 알고

또한 마음에 즐겨함과

습기도 알아서

일찍이 일체 법을 멸하여

없애지 아니하도다.

업의 성품이

업이 아님을 요달하되
또한 모든 법의 모양도
어기지 않으며
또한 업의 과보도
깨뜨리지 아니하여
모든 법의 성품이
연을 따라 일어남을 설하도다.

중생들이
생겨남이 없으며
또한 중생들이
유전함도 없음을 아니

실로 중생이라

말할 것도 없으나

다만 세속을 의지하여

거짓으로 펴 보이도다.

"불자들이여, 무엇을 보살마하살 의 견고한 일체 선근을 수순하는 회 향이라 하는가?

불자들이여, 이 보살마하살이 혹 은 제왕이 되어 큰 나라에 군림하면 위덕이 널리 미치고 이름이 천하에 떨치니, 무릇 모든 원수와 적들이 귀 순하지 않음이 없고 시행 명령을 내 림에 모두 바른 법에 의지한다.

한 일산을 들어 만방을 그늘지게

덮으며, 거느리는 국토에 두루 다녀
도 향하는 곳마다 걸림이 없으며, 때
가 없는 비단으로 그 이마에 매었다.
법에 자재하여 보는 이가 다 굴복하
며, 형벌을 내리지 않으나 덕에 감복
하여 교화를 따르며, 사섭법으로 모
든 중생들을 포섭하며, 전륜왕이 되
어 일체에 두루 미친다.

보살마하살이 이와 같은 자재한
공덕에 안주하여 큰 권속이 있어 저

해할 수 없으며, 온갖 허물을 여의어

보는 이가 싫어함이 없으며, 복덕으

로 장엄하여 상호가 원만하며, 형체

와 팔다리가 조화롭게 구족하며, 나

라연의 견고한 몸을 얻고 큰 힘을 성

취하여 굴복할 수 없으며, 청정한 업

을 얻어 모든 업장을 여의었다.

일체 보시를 구족하게 수행하되,

혹은 음식과 모든 좋은 맛을 보시하

며, 혹은 수레를 보시하며, 혹은 의

복을 보시하며, 혹은 화만을 보시하며, 여러 가지 향과 바르는 향과 평상과 방사와 머무르는 처소와 가장 미묘한 등촉과 병에 쓰는 탕약과 보배 그릇과 보배 수레와 길이 잘든 코끼리와 말을 모두 다 장엄스럽게 꾸며서 기쁘게 보시한다.

혹은 어떤 이가 와서 왕의 거처하는 평상과 덮개와 일산과 당기와 깃발과 보물과 모든 장엄거리와 정수리 위의 보관과 상투 가운데 밝은 구슬과 내지 왕위를 요구하더라도 모두 아까워하는 바가 없다.

만약 중생들이 감옥 속에 있는 것을 보면 모든 재물 보배와 처자 권속과 내지 몸을 버려서 그들을 구호하여 벗어나게 하며, 만약 옥에 갇힌 죄수가 사형을 당하게 될 것을 보면 곧 그 몸을 버려서 그 목숨을 대신하며, 혹은 정수리 살갖에 붙어있는 머리카락을 요구함을 보더라도 기쁘게 주고 또한 아까워하는 것이 없다.

눈과 귀와 코와 혀와 그리고 치아와 머리와 이마와 손과 발과 피와 살과 뼈와 골수와 심장과 신장과 간과 폐와 대장과 소장과 두꺼운 가죽과 얇은 가죽과 모든 손가락과 발가락과 살에 붙은 손톱도 환희한 마음으로 모두 다 보시한다.

혹은 일찍이 있지 않던 법을 구하기 위하여 몸을 던져 깊고 큰 불구덩이에 들어가며, 혹은 여래의 정법을 보호하기 위하여 몸으로써 일체 고초를 달게 받으며, 혹은 법을 구하되 내지 한 글자를 위해서라도 사해 안의 일체 소유를 다 능히 두루 버리며, 항상 바른 법으로 군생들을 교화하고 인도하여 선행을 닦고 모든 악을 버리어 여의게 하며, 만약 중생들이 다른 이의 형상을 훼손하는 것을 보면 자애로운 마음으로 그를 구원하여 죄업을 버리게 한다.

만약 여래께서 최상의 정각을 이루시는 것을 보면 칭찬해 드날리고 찬란하여 널리 듣고 알게 하며, 혹은 땅을 보시하여 승방과 방사와 전당을 지어서 주처로 삼게 하며, 또 시중들을 보내어 받들고 섬기게 하며,

혹은 자기의 몸을 구걸하러 온 자에게 보시한다.

혹은 부처님께 바치며, 법을 구하기 위한 까닭으로 환희 용약하고, 중생들을 위하는 까닭으로 받들어 섬기고 공양한다.

혹은 왕위나 성읍이나 마을이나 궁전이나 동산 숲이나 처자 권속까지 버리어 구걸하는 바를 따라 그 원을 모두 만족케 하며, 혹은 일체 생활에 필요한 물건들을 보시하여 막음이 없는 큰 보시의 법회를 널리 베푼다.

그 가운데 중생들의 갖가지 복밭이 혹은 먼 데서 오거나 가까운 데서 오거나 어질거나 어리석거나 아름답거나 추하거나 남자이거나 여자이거나 사람이거나 사람 아니거나, 마음과 행동이 같지 않고 구하는 것이 각각 다르더라도 평등하게 다 베풀어 주어 모두 만족하게 한다.

불자들이여, 보살마하살이 이와 같이 보시할 때에 잘 거두는 마음을 내어 모두 회향한다.

　이른바 색을 잘 거두어 견고한 일
체 선근을 수순하며, 수·상·행·식
을 잘 거두어 견고한 일체 선근을 수
순한다.

　왕위를 잘 거두어 견고한 일체 선
근을 수순하며, 권속을 잘 거두어 견
고한 일체 선근을 수순하며, 살림살
이를 잘 거두어 견고한 일체 선근을
수순하며, 은혜롭게 보시하는 일을
잘 거두어 견고한 일체 선근을 수순
한다.

불자들이여, 보살마하살이 보시하는 물건의 한량없고 가없음을 따라서 그 선근으로 이와 같이 회향한다.

이른바 좋은 음식으로 중생들에게 보시할 때에 그 마음이 청정하여 보시하는 물건에 탐욕이 없고 집착이 없고 돌아보아 아까워하는 생각이 없어서 구족하게 보시를 행하되 '원하오니 일체 중생이 지혜의 음식을 얻어 마음에 장애가 없으며, 음식의 성품이 탐착할 것이 없음을 분명히 알고 단지 법에 대한 기쁨으로 벗어나 여의는 음식을 즐겨하며, 지혜가 충만하여 법으로 굳게 머무르고 선근을 거두어 가져 법신과 지신이 청정하여 마음대로 다니며, 중생들을 가엾게 여겨서 복밭을 짓기 위해 지금 뭉치어 먹는 밥을 받아지이다.'라고 한다.

이것이 보살마하살이 음식을 보시할 때에 선근으로 회향하는 것이다.

불자들이여, 보살마하살이 만약 마실 것을 보시할 때에는 이 선근으로 이와 같이 회향한다.

이른바 '원하오니 일체 중생이 법 맛의 물을 마시고 부지런히 닦아 익혀서 보살의 도를 구족하며, 세간의 목마른 애욕을 끊고 항상 부처님의 지혜를 구하며, 욕심의 경계를 여의어 법의 기쁨과 즐거움을 얻어지이다.

청정한 법에서 그 몸이 생기고 항상 삼매로써 그 마음을 고르게 유지하며, 지혜의 바다에 들어가서 큰 법의 구름을 일으켜 큰 법의 비를 내려

지이다.'라고 한다.

이것이 보살마하살이 마실 것을 보시할 때에 선근으로 회향하는 것이다.

불자들이여, 보살마하살이 갖가지 청정하고 좋은 맛으로 보시한다.

이른바 맵고 시고 짜고 싱겁고 그리고 달고 쓴 갖가지 모든 맛이 윤택하고 구족하여, 능히 사대가 안온하고 조화로워 신체가 충실하고 기력이 강장하며 그 마음이 청정하여 항상 환희하게 한다.

씹고 삼킬 때에 기침나지 않고 거슬리지 않으며, 모든 근이 상쾌하고 내장이 충실하며, 독기가 침노하지 못하고, 병이 능히 손상하지 못하며, 처음부터 끝까지 근심이 없어 길이 안락을 얻는다.

이 선근으로 이와 같이 회향한다.

이른바 일체 중생이 가장 좋은 맛을 얻어 감로가 충만하기를 원하며, 일체 중생이 법과 지혜의 맛을 얻어 일체 모든 맛의 업용을 분명히 알기를 원한다.

일체 중생이 한량없는 법의 맛을 얻어 법계를 요달하고 실제인 큰 법의 성 가운데 편안히 머무르기를 원하며, 일체 중생이 큰 법의 구름이 되어 법계에 두루하여 법의 비를 널리 내려 일체 중생을 교화하고 조복하기를 원한다.

일체 중생이 수승한 지혜의 맛을 얻어 위없는 법의 기쁨이 몸과 마음에 충만하기를 원하며, 일체 중생이 탐착함이 없는 일체 좋은 맛을 얻어 세간의 일체 모든 맛에 물들지 않고 일체 불법을 항상 부지런히 닦아 익히기를 원한다.

일체 중생이 한 법의 맛을 얻어 모든 불법이 다 차별 없음을 알기를 원하며, 일체 중생이 가장 수승한 맛을 얻어 일체 지혜를 타고 마침내 퇴전하지 않기를 원한다.

일체 중생이 모든 부처님의 다르지 않은 법의 맛에 들어가 일체 모든 근을 다 능히 분별하기를 원하며, 일체 중생이 법의 맛이 증장하여 걸림 없는 부처님 법에 항상 만족하기를 원한다.

이것이 보살마하살이 맛을 보시할 때에 선근으로 회향하는 것이니, 일체 중생으로 하여금 복덕을 부지런히 닦아서 걸림 없는 지혜의 몸을 모두 다 구족케 하기 위한 까닭이다.

불자들이여, 보살마하살이 수레 등속을 보시할 때에 모든 선근으로 이와 같이 회향한다.

이른바 일체 중생이 모두 일체 지

혜의 수레를 구족하여, 큰 수레와 깨뜨릴 수 없는 수레와 가장 수승한 수레와 최상의 수레와 빠른 수레와 큰 힘 갖춘 수레와 복덕이 구족한 수레와 세간을 벗어나는 수레와 한량없는 모든 보살들을 출생하는 수레에 올라타기를 원한다.

이것이 보살마하살이 수레 등속을 보시할 때에 선근으로 회향하는 것이다.

불자들이여, 보살마하살이 옷을

보시할 때에 모든 선근으로 이와 같이 회향한다.

이른바 일체 중생이 부끄러움의 옷을 얻어서 그 몸을 가리며, 삿된 외도들의 알몸을 드러내는 나쁜 법을 버리어 여의며, 얼굴색이 윤택하고 피부가 부드러워 모든 부처님의 제일가는 낙을 성취하고 가장 청정한 일체종지를 얻기를 원한다.

이것이 보살마하살이 옷을 보시할 때에 선근으로 회향하는 것이다.

불자들이여, 보살마하살이 항상 갖가지 이름난 꽃으로 보시한다.

이른바 미묘하고 향기로운 꽃과 갖가지 색의 꽃과 한량없는 기묘한 꽃과 보기 좋은 꽃과 기쁘고 즐거운 꽃과 어느 때나 피는 꽃과 하늘 꽃과 인간 꽃과 세상에서 진귀하고 사랑스러운 꽃과 매우 향기롭고 뜻에 기쁜 꽃이다.

이와 같은 등의 한량없는 미묘한 꽃으로 일체 현재의 모든 부처님과 그리고 부처님께서 열반하신 후에 있는 탑묘에 공양올린다.

혹은 법을 말하는 사람에게 공양 올리며, 혹은 비구 승보와 일체 보살과 모든 선지식들과 성문과 독각과 부모와 종친과 아래로 자신과 그리고 그 외에 일체 빈궁하고 고독한 사람들에게 이르기까지 공양올리니, 보시할 때에 모든 선근으로 이와 같이 회향한다.

이른바 일체 중생이 다 모든 부처님의 삼매의 꽃을 얻어 일체 모든 법을 다 능히 펴기를 원하며, 일체 중생이 모두 부처님과 같아서 보는 이가 환희하여 마음이 만족해 싫어함이 없기를 원한다.

일체 중생이 소견이 순하여 마음이 혼란하지 아니하기를 원하며, 일체 중생이 광대하고 청정한 업을 갖추어 행하기를 원한다.

일체 중생이 항상 선지식을 생각하여 마음이 변해 달라지지 않기를 원하며, 일체 중생이 아가타약과 같이 능히 일체 번뇌의 온갖 독을 없애기를 원한다.

일체 중생이 큰 원을 원만히 이루어 모두 다 위없는 지혜의 왕이 되기를 원하며, 일체 중생이 지혜의 햇빛으로 어리석음의 어두움을 깨뜨리기를 원한다.

일체 중생이 보리의 맑은 달이 증장하고 만족하기를 원하며, 일체 중생이 큰 보물섬에 들어가 선지식을 친견하고 일체 선근을 구족하게 성취하기를 원한다.

이것이 보살마하살이 꽃을 보시할 때에 선근으로 회향하는 것이니, 중생들로 하여금 다 청정하고 걸림 없는 지혜를 얻게 하기 위한 까닭이다.

불자들이여, 보살마하살이 꽃다발을 보시할 때에 모든 선근으로 이와 같이 회향한다.

이른바 일체 중생을 사람들이 보기를 즐겨 하는 바로서 보는 자가 칭찬하며, 보는 자가 친선하며, 보는 자가 사랑하며, 보는 자가 우러르며, 보는 자가 근심이 없어지며, 보는 자가 기뻐하며, 보는 자가 악을 여의며, 보는 자가 항상 부처님을 친근하며, 보는 자가 청정하여 일체지를 얻기를 원한다.

이것이 보살마하살이 꽃다발을 보시할 때에 선근으로 회향하는 것이다.

불자들이여, 보살마하살이 향을 보시할 때에 모든 선근으로 이와 같이 회향한다.

일체 중생이 계향을 구족하여, 모자라지 않는 계와 섞이지 않는 계와 더럽히지 않는 계와 뉘우침이 없는

계와 얽매임을 여읜 계와 열기가 없
는 계와 범함이 없는 계와 가없는 계
와 세간을 벗어나는 계와 보살의 바
라밀 계 얻기를 원하며, 일체 중생이
이 계로써 다 모든 부처님의 계의 몸
을 성취하기를 원한다.

이것이 보살마하살이 향을 보시할
때에 선근으로 회향하는 것이니, 중
생들로 하여금 원만하고 걸림 없는
계의 무더기를 모두 얻게 하기 위한
까닭이다.

불자들이여, 보살마하살이 바르는 향을 보시할 때에 모든 선근으로 이와 같이 회향한다.

이른바 일체 중생이 보시의 향이 널리 풍기어 일체 소유를 모두 능히 베풀기를 원하며, 일체 중생이 계의 향이 널리 풍기어 여래의 끝까지 청정한 계를 얻기를 원한다.

일체 중생이 인욕의 향이 널리 풍기어 일체 음해하는 마음을 떠나길 원하며, 일체 중생이 정진의 향이 널리 풍기어 대승의 정진하는 갑옷과

투구를 항상 입기를 원한다.

일체 중생이 정의 향이 널리 풍기어 모든 부처님께서 앞에 나타나시는 삼매에 편안히 머무르기를 원하며, 일체 중생이 혜의 향이 널리 풍기어 한 생각에 위없는 지혜의 왕을 이루기를 원한다.

일체 중생이 법의 향이 널리 풍기어 위없는 법에 두려움이 없기를 원하며, 일체 중생이 덕의 향이 널리 풍기어 일체 큰 공덕 지혜를 성취하기를 원한다.

일체 중생이 보리의 향이 널리 풍기어 부처님의 십력을 얻어 피안에 이르기를 원하며, 일체 중생이 청정한 선한 법의 묘한 향이 널리 풍기어 일체 선하지 못한 법을 영원히 소멸하기를 원한다.

이것이 보살마하살이 바르는 향을 보시할 때에 선근으로 회향하는 것이다.

불자들이여, 보살마하살이 평상을 보시할 때에 모든 선근으로 이와 같이 회향한다.

이른바 일체 중생이 모든 하늘의 평상을 얻어 큰 지혜를 증득하기를 원하며, 일체 중생이 성현의 평상을 얻어 범부의 뜻을 버리고 보리심에 머무르기를 원한다.

일체 중생이 안락한 평상을 얻어 일체 생사의 고뇌를 길이 여의기를 원하며, 일체 중생이 구경의 평상을 얻어 모든 부처님의 자재한 신통을 보기를 원한다.

일체 중생이 평등한 평상을 얻어

항상 일체 선법을 널리 훈습하여 닦기를 원하며, 일체 중생이 가장 수승한 평상을 얻어 청정한 업을 갖추어 세상에 더불어 같을 이 없기를 원한다.

일체 중생이 안온한 평상을 얻어 진실한 법을 증득하고 끝까지 구족하기를 원하며, 일체 중생이 청정한 평상을 얻어 여래의 청정한 지혜의 경계를 닦아 익히기를 원한다.

일체 중생이 편안히 머무르는 평상을 얻어 선지식이 항상 따르고 덮어 보호하기를 원하며, 일체 중생이 사

자좌를 얻어 항상 여래와 같이 오른
쪽 옆구리로 눕기를 원한다.

이것이 보살마하살이 평상을 보시
할 때에 선근으로 회향하는 것이니,
중생들로 하여금 바른 생각을 닦아
익혀서 모든 근을 잘 보호하게 하기
위한 까닭이다.

불자들이여, 보살마하살이 방사를
보시할 때에 모든 선근으로 이와 같
이 회향한다.

이른바 '원하오니 일체 중생이 모

두 청정한 부처님 세계에 안주하여 일체 공덕을 부지런히 닦아 익히며, 매우 깊은 삼매의 경계에 안주하여 일체 주처의 집착을 버리어 여의며, 모든 주처가 다 있는 바가 없음을 알아서 모든 세간을 여의고 일체 지혜에 안주하여지이다.

일체 모든 부처님께서 머무르시는 곳을 거두어 구경의 도인 안락한 주처에 머무르며, 제일 청정한 선근에 항상 머물러서 마침내 부처님의 위없는 주처를 버리어 여의지 않아지이다.' 라고 한다.

이것이 보살마하살이 방사를 보시할 때에 선근으로 회향하는 것이니, 일체 중생을 이익케 하여 그 마땅한 바를 따라서 사유하고 구호하기 위한 까닭이다.

불자들이며, 보살마하살이 주처를 보시할 때에 모든 선근으로 이와 같이 회향한다.

이른바 일체 중생이 항상 좋은 이익을 얻어 그 마음이 안락하기를 원한다.

일체 중생이 여래를 의지하여 머무르며, 큰 지혜를 의지하여 머무르며, 선지식을 의지하여 머무르며, 높고 수승한 이를 의지하여 머무르며, 선행을 의지하여 머무르며, 대자를 의지하여 머무르며, 대비를 의지하여 머무르며, 육바라밀을 의지하여 머무르며, 큰 보리심을 의지하여 머무르며, 일체 보살의 도를 의지하여 머무르기를 원한다.

이것이 보살마하살이 주처를 보시

할 때에 선근으로 회향하는 것이다.
일체로 하여금 복덕이 청정하게 하
는 까닭이며, 구경까지 청정하게 하
는 까닭이며, 지혜가 청정하게 하는
까닭이며, 도가 청정하게 하는 까닭
이며, 법이 청정하게 하는 까닭이다.

계가 청정하게 하는 까닭이며, 뜻
의 즐김이 청정하게 하는 까닭이며,
믿고 이해함이 청정하게 하는 까닭
이며, 원이 청정하게 하는 까닭이며,
일체 신통과 공덕이 청정하게 하기
위한 까닭이다.

불자들이여, 보살마하살이 모든 등의 광명을 보시한다.

이른바 우유 등불과 기름 등불과 보배 등불과 마니 등불과 옻칠 등불과 불 등불과 침수향 등불과 전단향 등불과 일체 향 등불과 한량없는 색 등불이다.

이와 같은 한량없는 등불을 보시할 때에 일체 중생을 이익케 하려 함이며, 일체 중생을 섭수하려 함이니, 이 선근으로 이와 같이 회향한다.

이른바 일체 중생이 한량없는 광명

을 얻어 일체 모든 부처님의 바른 법을 널리 비추기를 원하며, 일체 중생이 청정한 광명을 얻어 세간의 극히 미세한 색을 비추어 보기를 원한다.

일체 중생이 가림을 여읜 광명을 얻어 중생계가 공하여 있는 바가 없음을 알기를 원하며, 일체 중생이 가없는 광명을 얻어 몸에서 미묘한 광명을 내어 일체를 널리 비추기를 원한다.

일체 중생이 널리 비추는 광명을 얻어 모든 부처님 법에서 마음이 퇴

전함이 없기를 원하며, 일체 중생이
부처님의 청정한 광명을 얻어 일체
세계에 모두 다 나타나기를 원한다.

일체 중생이 걸림 없는 광명을 얻
어 한 빛으로 일체 법계를 두루 비추
기를 원하며, 일체 중생이 끊임없는
광명을 얻어 모든 부처님 세계를 비
추어 광명이 끊이지 아니하기를 원
한다.

일체 중생이 지혜당기의 광명을 얻
어 세간을 널리 비추기를 원하며, 일
체 중생이 한량없는 색의 광명을 얻

어 일체 세계를 비추어서 위신력을 나타내 보이기를 원한다.

보살이 이와 같이 등의 광명을 보시할 때에 일체 중생을 이익케 하고 일체 중생을 안락케 하기 위한 까닭에 이 선근으로 중생을 따른다.

이 선근으로 중생을 섭수하며, 이 선근으로 중생에게 분포하며, 이 선근으로 중생을 어여삐 여기며, 이 선근으로 중생을 덮어 기르며, 이 선근으로 중생을 구호한다.

이 선근으로 중생을 충만하게 하

며, 이 선근으로 중생을 염려하며, 이 선근으로 중생을 평등하게 이익 주며, 이 선근으로 중생을 관찰한다.

이것이 보살마하살이 등의 광명을 보시할 때에 선근으로 회향하는 것이니, 이와 같이 회향함에 장애가 없어서 널리 중생들로 하여금 선근 가운데 머무르게 한다.

불자들이여, 보살마하살이 탕약을 보시할 때에 모든 선근으로 이와 같이 회향한다.

이른바 일체 중생이 모든 덮이고 얽힘에서 구경에 벗어나기를 원하며, 일체 중생이 병든 몸을 영원히 여의고 여래의 몸을 얻기를 원한다.

일체 중생이 훌륭한 양약이 되어 일체 좋지 못한 병을 없애기를 원하며, 일체 중생이 아가타약이 되어 보살의 퇴전하지 않는 지위에 편안히 머무르기를 원한다.

일체 중생이 여래인 약을 이루어 일체 번뇌의 독화살을 능히 뽑기를 원하며, 일체 중생이 성현을 친근하여 모든 번뇌를 소멸하고 청정한 행을 닦기를 원한다.

일체 중생이 큰 약왕이 되어 온갖 병을 영원히 없애고 다시 발생하지 않게 하기를 원하며, 일체 중생이 부서지지 않는 약 나무가 되어 일체 중생을 모두 능히 치료하여 구호하기를 원한다.

일체 중생이 일체 지혜의 광명을 얻어 온갖 병의 화살을 뽑기를 원하며, 일체 중생이 세간의 약처방의 법을 잘 알아서 있는 바 질병을 치료하여 구하기를 원한다.

보살마하살이 탕약을 보시할 때에 일체 중생으로 하여금 온갖 병을 길이 여의게 하는 까닭이며, 구경에 안온하게 하는 까닭이며, 구경에 청정하게 하는 까닭이며, 부처님처럼 병이 없게 하는 까닭이며, 일체 병의 화살을 뽑아 없애게 하는 까닭이며, 다함없이 견고한 몸을 얻게 하는 까닭이며, 금강위산의 깨뜨릴 수 없는 몸을 얻게 하는 까닭이며, 견고하고 만족한 힘을 얻게 하는 까닭이며, 원만하고 빼앗을 수 없는 부처님의 즐거움을 얻게 하는 까닭이며, 일체 부처님의 자재하고 견고한 몸을 얻게 하기 위한 까닭에 모든 선근으로 이와 같이 회향한다.

불자들이여, 보살마하살이 일체 그릇을 모두 능히 보시한다.

이른바 황금 그릇에 여러 가지 보배를 가득 담고, 백은 그릇에 온갖 미묘한 보배를 담고, 유리 그릇에 갖가지 보배를 담고, 파려 그릇에 한량없는 보배 장엄거리를 가득 담고, 자 거 그릇에 적진주를 담았다.

마노 그릇에 산호와 마니주 보배를 가득 담고, 백옥 그릇에 온갖 아름다 운 음식을 담고, 전단 그릇에 하늘의 의복을 담고, 금강 그릇에 온갖 미묘 한 향을 담고, 한량없고 수없는 갖 가지 보배 그릇에 한량없고 수없는 갖가지 온갖 보배를 담았다.

혹은 모든 부처님께 보시하니 부처 님의 복밭이 부사의함을 믿는 까닭 이며, 혹은 보살에게 보시하니 선지식을 만나기 어려움을 아는 까닭이며, 혹은 거룩한 스님에게 보시하니 부처님 법이 세상에 오래 머무르게 하기 위한 까닭이며, 혹은 성문과 벽지불에게 보시하니 모든 성인에게 청정한 신심을 내는 까닭이다.

혹은 부모에게 보시하니 존중하는 까닭이며, 혹은 스승과 어른에게 보시하니 항상 인도하고 가르쳐서 성인의 가르침을 의지하여 공덕을 닦게 하는 까닭이며, 혹은 하열하고 빈궁하고 외로운 이에게 보시하니 대자대비한 사랑의 눈으로 모든 중생들을 평등하게 보는 까닭이다.

오롯한 생각으로 과거와 미래와 현재의 일체 보살의 보시바라밀을 만족케 하는 까닭이며, 일체 물건으로 널리 일체에게 보시하니 마침내 모든 중생들을 싫어하여 버리지 아니하는 까닭이다. 이와 같이 보시할 때에 그 보시하는 물건과 받는 이에게 다 집착하는 바가 없다.

보살마하살이 이와 같은 등의 갖가지 보배 그릇에 한량없는 보배를

담아 보시할 때에 모든 선근으로 이
와 같이 회향한다.

이른바 일체 중생이 허공처럼 가없
이 담는 그릇을 이루고 기억력이 넓
고 커서 세간과 출세간의 일체 경서
를 모두 능히 받아 지니고 잊어버리
지 않기를 원한다.

일체 중생이 청정한 그릇을 이루어
모든 부처님의 매우 깊고 바른 법을
능히 깨닫기를 원한다.

일체 중생이 위없는 보배 그릇을
이루어 삼세의 부처님 법을 모두 능

히 받아 지니기를 원한다.

일체 중생이 여래의 광대한 법의 그릇을 성취하여 깨뜨릴 수 없는 신심으로 삼세의 부처님 보리법을 거두어 받기를 원한다.

일체 중생이 가장 수승한 보배로 장엄한 그릇을 성취하여 큰 위덕의 보리 마음에 머무르기를 원한다.

일체 중생이 공덕의 의지할 곳의 그릇을 성취하여 모든 여래의 한량없는 지혜에 깨끗한 신심과 이해를 내기를 원한다.

일체 중생이 일체 지혜에 들어가는 그릇을 성취하여 여래의 걸림 없는 해탈을 끝까지 이루기를 원한다.

일체 중생이 미래겁이 다하도록 보살행의 그릇을 얻어 능히 중생들로 하여금 널리 모두 일체 지혜의 힘에 편안히 머무르기를 원한다.

일체 중생이 삼세 모든 부처님의 종성인 수승한 공덕의 그릇을 성취하여 일체 모든 부처님의 미묘한 음성으로 설하신 바를 모두 능히 받아 지니기를 원한다.

일체 중생이 온 법계 허공계의 일
체 세계와 일체 여래의 도량에 모인
대중들을 용납하는 그릇을 성취하
여, 대장부로서 설법을 찬탄하는 상
수가 되어 모든 부처님께 바른 법륜
굴리심을 권청하기를 원한다.

이것이 보살마하살이 그릇을 보시
할 때에 선근으로 회향하는 것이니,
널리 일체 중생으로 하여금 보현 보
살의 행원을 원만하게 하는 그릇을
다 얻게 하려는 까닭이다.

〈대방광불화엄경 제25권〉

아차보현수승행
무변승복개회향
보원침익제중생
속왕무량광불찰

시방삼세일체불
제존보살마하살
마하반야바라밀

我此普賢殊勝行
無邊勝福皆迴向
普願沈溺諸眾生
速往無量光佛剎

十方三世一切佛
諸尊菩薩摩訶薩
摩訶般若波羅蜜

大方廣佛華嚴經

부록

•

대방광불화엄경 목차

•

간행사

대방광불화엄경
목차

간 행 사

　귀의삼보 하옵고,

『대방광불화엄경』의 수지 독송과 유통을 발원하면서 수미정사 불전연구원에서 『독송본 한문·한글역 대방광불화엄경』과 『사경본 한글역 대방광불화엄경』을 편찬하여 간행하게 되었습니다.

『화엄경』은 우리나라에 전래된 이래 일찍부터 사경되고 주석·강설되어 왔으며 근현대에 이르러서는 『화엄경』의 한글 번역과 연구도 부쩍 많이 이루어졌습니다. 그만큼 『화엄경』이 우리 불자님들의 신행과 해탈에 큰 의지처가 되었던 것임을 알 수 있습니다.

『화엄경』을 독송하고 사경하는 공덕은 설법 공덕과 함께 크게 강조되어 왔습니다. 그리하여 수미정사 불전연구원에서도 『화엄경』(80권)을 독송하고 사경하는 데 도움이 되도록 한문 원문과 한글역을 함께 수록한 독송본과 한글역의 사경본 『화엄경』 간행불사를 발원하였습니다. 이 『화엄경』 간행불사에 뜻을 같이하여 적극 후원해주신 스님들과 재가 불자님들께 깊이 감사드립니다. 또한 『화엄경』을 수지 독송할 수 있도록 경책의 모습으로 장엄해 주신 편집위원들과 담앤북스 출판사 관계자들께도 고마움을 표합니다.

　끝으로 이 불사의 원만 회향으로 『화엄경』이 널리 유통되고, 온 법계에 부처님의 가피가 충만하시길 기원드립니다.

　나무 대방광불화엄경

불기 2564년 '부처님오신날'을 봉축하며
수미해주 합장

위태천신(동진보살)

수미해주 須彌海住

동국대학교 명예교수
중앙승가대학교 법인이사
대한불교조계종 수미정사 주지

사경본 한글역
대방광불화엄경 제25권

| **초판 1쇄 발행**_ 2022년 6월 24일

| **엮은이**_ 수미해주
| **엮은곳**_ 수미정사 불전연구원
| **편집위원**_ 해주 수정 경진 선초 정천 석도 박보람 최원섭
| **편집보**_ 무이 무진 지욱 혜명

| **펴낸이**_ 오세룡
| **펴낸곳**_ 담앤북스
　　　　서울특별시 종로구 새문안로3길 23 경희궁의 아침 4단지 805호
　　　　대표전화 02)765-1251　전자우편 damnbooks@hanmail.net
　　　　출판등록 제300-2011-115호
| ISBN_　979-11-6201-048-8　04220

정가 10,000원
ⓒ 수미해주 2022